어린이 성품 가이드 2-1단계
재미있는 성품학교

나는 행복한 성품의 리더

------------------------------ 입니다.

어린이 성품 가이드 2-1단계

재미있는 성품학교

초판 1쇄 펴낸 날 | 2014년 3월 20일

지은이 | 폴정·우수명 **펴낸이** | 우수명
펴낸 곳 | 아시아코치센터

등록번호 | 제129-81-80357호 **등록일자** | 2005년 1월 12일

주소 | 서울시 강남구 테헤란로 25길 30 4층(역삼동, 한라빌딩)
주문 | 영업부 | 031-905-0434, 0436 팩스 031-905-7092
본사 | 편집부 | 02-538-0409, 3959 팩스 02-566-7754
아시아코치센터 | 02-566-7752 팩스 02-566-7754

값 12,000원

ISBN 978-89-93288-42-1 ISBN 978-89-93288-41-4(전 2권 세트)
• 잘못되거나 파손된 책은 구입하신 서점에서 교환해 드립니다.
종이 씨그마페이퍼 출력 대산아트컴 인쇄 보광문화사 제책 국일문화사

www.Asiacoach.co.kr

아시아코치센터

 머리말

여러분은 친구를 사귈 때 무엇을 가장 먼저 보나요?

만일 친구가 여러분을 친절하고 상냥하게 대한다면 여러분은 자연히 그 친구와 가까워지려고 할 거예요. 이런 마음은 누구나 똑같지요. 만약 여러분의 성품이 좋다면, 친구들은 분명 그 성품을 보고 친해지고 싶어 할 테니까요.

그럼 '성품'이란 무엇일까요? 모든 사물에 '딱딱하다', '부드럽다' 같은 성질이 있듯이, 모든 사람에게는 그만의 고유한 바탕이 있어요. 이렇게 사람이 지닌 됨됨이를 가리켜 '성품'이라고 합니다.

어른이 되면 성품이 좋은 사람을 더 존중하고 귀하게 여깁니다. 성품은 한순간에 만들어지지 않기 때문이에요. 마치 거친 바위가 멋진 조각품이 되기까지 아주 오랜 시간이 걸리는 것처럼 말이지요.

성품이 좋은 사람이 되기 위해서 어떻게 해야 할까요?

여러분이 잘못했을 때를 떠올려 보세요. 부족한 점을 깨닫고 바로잡아 좋은 습관이 몸에 익도록 실천해야만 다음번에 조심할 수 있는 것처럼, 성품도 잘못을 깨닫고 반성해야 얻을 수 있어요.

이 책은 여러분의 성품이 쑥쑥 자라날 수 있도록 돕기 위해 만들어졌어요. 여러분이 생활 속에서 부딪힐 수 있는 다양한 상황을 통해 친구들과 함께 이야기를 나눌 수 있고, 위인들의 이야기를 통해 그들의 훌륭한 성품을 배울 수 있어요. 또 재미있는 놀이를 통해 실천하는 힘을 키울 수 있어요.

여러분에게는 아주 멋진 꿈이 있을 거예요. 무엇보다 리더가 되고자 하는 꿈이 있다면 어릴 때부터 좋은 성품을 배우고 생활에서 실천하는 훈련이 필요해요. 왜냐하면 사람들은 모두 좋은 성품을 지닌 사람을 따르고 싶어 하기 때문이지요.

이 책을 재미있게 읽으면서 성품 훈련을 하는 동안 자신도 모르게 좋은 성품의 씨앗이 심겨질 거예요. 그리고 그 씨앗은 무럭무럭 자라 여러분이 훗날 존경받는 리더가 될 수 있는 기초가 되어 줄 것입니다. 자, 그럼 이제 성품의 리더가 될 준비를 해 볼까요?

차례

머리말 📗 4

신중함

신중함이란,

실수를 피하거나 통찰력을 얻기 위해 태도, 말, 행동을 조심스럽게 선택하는 것

1. 신중함이란 무엇일까요? 📗 10
2. 리더들을 통해 배워 봅시다 📗 18
3. 실제 생활에서 배워 봅시다 📗 24
4. 점검 및 확인하기 📗 32

인내

인내란,

어려운 일을 해결하기 위해 시간이 걸려도 포기하지 않고 참고 기다리는 것

1. 인내란 무엇일까요? 📗 40
2. 리더들을 통해 배워 봅시다 📗 48
3. 실제 생활에서 배워 봅시다 📗 54
4. 점검 및 확인하기 📗 62

자신감

자신감이란,

어떤 일을 뜻한 대로 이루어 낼 수 있다고
믿는 굳센 마음

1. 자신감이란 무엇일까요? 📗 70
2. 리더들을 통해 배워 봅시다 📗 78
3. 실제 생활에서 배워 봅시다 📗 84
4. 점검 및 확인하기 📗 92

성실

성실이란,

자신이 맡은 일을 꾸준히 계속해 나가는 것

1. 성실이란 무엇일까요? 📗 100
2. 리더들을 통해 배워 봅시다 📗 108
3. 실제 생활에서 배워 봅시다 📗 114
4. 점검 및 확인하기 📗 122

실수를 피하거나 통찰력을 얻기 위해 태도, 말, 행동을 조심스럽게 선택하는 것

행동 목표

1. 깊이 생각하기
2. 한 번 더 생각하고 말하기
3. 깊이 살피고 정확하게 판단하기
4. 미리 준비하여 단계적으로 행동하기

1. 신중함이란 무엇일까요?

수업 목표: 신중함이란 무엇인지 이해하고 왜 신중해야 하는지 배운다.

다음 이야기에서 무엇을 배울 수 있을까요?

라이트 형제 이야기

여러분은 비행기를 타 본 적이 있나요? 비행기를 처음 타는 사람들은 비행기 안을 두리번거리기도 하고, 눈을 크게 뜨거나 심호흡을 하기도 해요. 어떻게 이 커다란 비행기가 하늘에 뜰 수 있는지, 또 빠르게 날아갈 수 있는지 궁금해하기도 하지요.

인간은 오래전부터 새처럼 날고 싶어 했어요. 그래서 기구나 글라이더를 발명하여 하늘을 날기도 했지요. 그런데 오늘

날과 같이 연료를 통해 얻은 동력을 이용하여 하늘을 나는 비행기는 1903년이 되어서야 발명되었어요. 이처럼 최초의 동력 비행에 성공한 사람들이 바로 라이트 형제랍니다.

그들이 비행에 성공하자 많은 사람들이 축하해 주면서 연설을 부탁했어요. 그때 형인 윌버 라이트가 천천히 일어나 입을 열었어요.

"여러분, 앵무새는 수다스럽지만 잘 날지 못합니다. 잘 나는 새들은 결코 말을 많이 하지 않습니다."

그리고 곧바로 연설을 마쳤지요. 사람들은 라이트 형제가 긴 연설을 할 거라고 생각했어요. 누구나 이런 상황이 되면 흥분하며 자랑을 늘어놓기 마련이니까요. 하지만 윌버 라이트는 신중하게 말을 아꼈고, 오히려 그런 모습이 자신들의 성공을 더욱 값지게 만들었답니다.

윌버 라이트는 왜 자랑을 늘어놓지 않고 연설을 짧게 마쳤을까요?

옳은 선택을 할 수 있도록 도와주는 **신중함**

1) 신중함이란 무슨 뜻일까요?

　신중함이란 어떤 일을 매우 조심스럽게 대하거나 행동하는 것입니다. 따라서 신중한 사람은 함부로 말하거나 경솔하게 행동하지 않습니다.

민호는 계단을 마구 뛰어 내려갑니다.

채원이는 차가 오는지 확인하고 길을 건넙니다.

혜민이는 아무 음식이나 마구 고릅니다.

은별이는 곰곰이 생각하고 필요한 물건을 고릅니다.

신중한 사람이 조심스럽게 말하거나 행동하는 것은 실수를 피하고 더 옳은 선택을 하기 위해서입니다.

이 외에도 어떤 것이 신중한 행동인지 생각하고 말해 보세요.

2) 신중한 행동을 배워요

신중한 사람은 옳은 것과 그른 것을 잘 구별하여 옳은 선택을 합니다.

> - 장난감이나 가전제품을 사용하기 전에 설명서를 꼼꼼히 읽는다.
> - 영화나 책을 볼 때도 초등학생이 보면 안 되는 것을 잘 구별하여 좋은 것을 고른다.
> - 듣는 사람이 기분 나쁘지 않도록 말을 조심해서 한다.

신중한 사람은 옳은 일을 하고 약속을 잘 지키며 실수를 거의 하지 않습니다. 따라서 사람들에게 신뢰를 받습니다.

신중한 사람의 장점으로 또 무엇이 있는지 말해 보세요.

신중함은 꼭 필요한 성품이지만 지나치면 문제가 될 때도 있습니다.

> - 모든 일을 너무 깊이 생각하고 염려하면 다른 사람의 눈에는 고민이 많은 사람처럼 보인다.
> - 모든 일을 완벽하게 하려다 보니 정해진 시간 안에 일을 끝내는 게 쉽지 않다.

너무 신중하게 생각했다가 오히려 좋지 않았던 적이 있었는지 말해 보세요.

3) 신중한 태도를 길러요

신중한 태도를 갖기 위해서는 주의 깊게 살피는 것이 중요합니다. 다음 활동을 해 보세요.

게임 **단어의 뜻 찾기 게임**

목표: 모르는 단어의 뜻을 국어사전에서 찾아보면서 관찰력과 집중력을 기른다.
준비물: 낱말 카드, 종이, 국어사전

방법
1. 선생님이 보여 주신 낱말 카드에 적힌 단어를 국어사전에서 찾아 그 뜻을 종이에 적어 봅니다. 한 낱말당 주어진 시간은 1분입니다.
2. 1분이 지나면 선생님은 새로운 낱말 카드를 보여 주고, 친구들은 그 뜻을 찾아 종이에 적습니다.
3. 이렇게 10회를 한 다음 그중 몇 개의 낱말을 찾았는지 세어 봅니다.

식물이나 동물을 주의 깊게 관찰한 적이 있나요? 어떤 것을 관찰했는지, 무엇을 발견했는지 적어 보세요.

숙제: 신중한 말과 행동으로 훌륭한 일을 해낸 위인이나 인물을 한 명씩 조사해 오기.
다음 시간 활동을 위해 연설문 준비해 오기(2명).

옳은 선택을 할 수 있도록 도와주는 **신중함**

2. 리더들을 통해 배워 봅시다

수업 목표: 훌륭한 리더들의 이야기를 읽고 신중함의 중요성을 배운다.

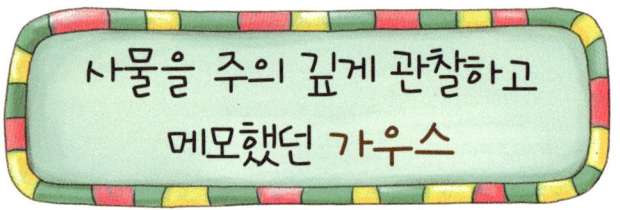
사물을 주의 깊게 관찰하고 메모했던 가우스

Karl Friedrich Gauß.

오늘날 가우스는 수학의 역사에 한 획을 그은 최고의 수학자로 손꼽히고 있습니다. 가우스가 최고의 수학자로 평가받을 수 있었던 것은 그의 신중한 성품 때문이었습니다. 가우스는 숫자나 도형을 볼 때 대충대충 지나치지 않았습니다. 그는 수와 도형을 보며, 생각하고 또 생각했습니다. 덕분에 가우스는 그동안 많은 수학자들이 해결하지 못했던 문제를 풀었습니다. 바로 컴퍼스와 자만 가지고 정십칠각형을 그리는 데 성공한 것입니다.

그는 늘 사물을 주의 깊게 보고, 그 과정에서 발견한 것을 노트에 적는 습관이 있었습니다. 그의 노트에는 세상을 깜짝 놀라게 할 만한 이론들이 가득 차 있었습니다. 하지만 그는 신중한 사람이었기에 그 이론이 완전히 증명되기 전까지 세상에 발표하지 않았습니다. 우연히 가우스의 친구가 그의 노트에 대해 알게 되었고, 가우스의 노트는 그가 죽은 후에 세상에 알려져 사람들을 깜짝 놀라게 했습니다.

교훈 가우스는 사물을 주의 깊게 살피는 신중함과 통찰력이 있었기 때문에 최고의 수학자가 될 수 있었습니다.

신중하게 그림을 그렸던 렘브란트

가장 위대한 화가의 이름을 열 명만 말해 볼까요? 아마 밀레, 고흐, 피카소, 이중섭 등 다양한 화가들의 이름이 떠오를 것입니다. 지금부터 소개할 네덜란드의 화가 렘브란트 역시 역시 위대한 화가로 손꼽히는 인물입니다.

렘브란트는 화가로 활동하기 시작할 때 초상화를 많이 그렸습니다. 그림 솜씨가 너무나 뛰어났기 때문에 그는 사람들에게서 인기를 끌었습니다. 그러나 어느 날부터인가 렘브란트에게 초상화를 부탁하는 사람들의 발길이 뜸해지기 시작했습니다. 그 이유가 무엇이었을까요?

그것은 바로 렘브란트가 그림을 그릴 때 너무나 신중하게 그렸기 때문입니다. 보통 초상화 하나가 완성되기까지는 2~3개월이 걸리곤 했습니다. 그러다 보니 좋아할 사람이 없었습니다. 2~3개월 동안이나 모델이 되어 자리에 앉아 있는 것이 무척 힘들었기 때문입니다. 하지만 렘브란트는 더 이상 손볼 곳이 없는 완벽한 상태가 되어야 비로소 붓을 내려놓았다고 합니다.

이처럼 그리는 속도는 매우 느렸지만, 그림의 완성도는 다른 화가들과 비교할 수 없을 만큼 뛰어났습니다. 이렇게 신중한 성품을 바탕으로 열심히 작품 활동을 한 렘브란트는 오늘날에도 최고의 화가로 인정을 받고 있습니다.

🌻 교훈 렘브란트는 그림을 그릴 때 완벽한 작품이 되도록 신중하게 그렸기 때문에 훌륭한 작품을 남길 수 있었습니다.

이 외에도 신중함과 관련된 리더가 또 있는지 조사하여 말해 봅시다.

1) 우리도 신중하게 선택할 수 있어요

우리도 신중한 사람이 될 수 있습니다. 다음 활동을 해 보세요.

역할놀이 어린이 대통령 선거

목표: 어린이 대통령을 뽑는 선거 활동을 통하여 신중하게 선택해야 올바른 선택을 할 수 있다는 사실을 배운다.
준비물: 투표용지, '대통령 후보'라는 글씨가 새겨진 띠 2개

방법
1. 후보자 2명을 정한 다음 각 후보자는 5분 동안 자유롭게 선거 운동을 합니다.
2. 투표자들은 신중하게 후보자를 관찰합니다.
3. 선거 운동이 끝난 뒤 후보자가 순서대로 연설을 합니다.
4. 적합한 사람에게 투표를 합니다.
5. 당선이 된 이유와 자신이 그 후보를 선택한 이유에 대해 자유롭게 의견을 나눕니다.

신중하게 선택할 때 어떤 점이 가장 어려운가요?

....

....

어떤 사람이 더 올바른 사람인지 선택하기 위해서는 그 사람의 행동과 말을 신중하게 관찰하고 판단하는 능력이 필요합니다.

숙제: 신중함을 키우기 위해 해야 할 일을 성품 노트에 적어 오기.

3. 실제 생활에서 배워 봅시다

수업 목표: 실제 생활의 이야기를 통해 신중함을 배우고 적용한다.

덜렁이에서 신중이로

종수는 집에서 '덜렁이'라고 불러요. 밥을 먹을 때도 덜렁대다가 반찬을 흘리기 일쑤, 길을 갈 때도 덜렁대다가 넘어져서 다치기 일쑤, 옷을 입을 때도 덜렁대서 앞뒤를 바꿔 입기가 일쑤였지요. 한번은 화분에 물을 주려고 컵에 물을 가득 담아 들고 가면서 휴대 전화로

문자를 보내다가 그만 물을 다 쏟고 말았어요. 또 엄마 심부름으로 시장에서 두부를 사 가지고 오던 길에 장난을 치다가 넘어져 두부를 모두 깨뜨린 적도 있고요.

그런데 지금까지의 이야기는 모두 종수의 예전 모습이었답니다. 지금은 얼마나 신중해졌는지 몰라요. 글쎄, 별명도 덜렁이에서 '신중이'로 바뀌었을 정도니까요. 종수가 이렇게 변한 이유는 무엇일까요?

한 달 전이었어요. 종수에게 아기 강아지가 생겼어요. 종수는 강아지에게 삐삐라는 이름을 붙여 주고 아주 소중히 키웠어요. 그러던 어느 날, 종수는 친구들과 축구를 할 때 삐삐를 데리고 나갔는데 축구에 정신이 팔려 삐삐가 사라진 것도 몰랐던 거예요. 종수는 그날 밤 엉엉 울면서 온 동네를 다 뒤졌고, 다행히 놀이터 옆 식당에서 밥을 먹고 있는 삐삐를 찾았어요. 그 뒤로 종수는 매사에 신중하고 조심스러운 성격으로 바뀌었답니다.

종수는 신중하지 못해 귀여운 삐삐를 잃어버릴 뻔했어요. 여러분은 이 이야기에서 무엇을 느낄 수 있었나요?

신중하지 못해 친구를 잃을 뻔한 채림이

채림이는 학교에서 예빈이랑 가장 친해요. 비록 지금 같은 반은 아니지만 함께 공기놀이도 하고 게임도 하며 재미있게 놀았어요. 채림이는 무엇보다 예빈이의 신중한 성격이 마음에 들었어요. 왜냐하면 채림이는 좀 덜렁댔거든요. 그래서 늘 깜빡하고 무엇을 잘 잊어버리는데 그때마다 예빈이가 잘 챙겨 줘서 고마웠답니다.

그런데 어느 날 채림이와 예빈이의 두터운 우정에 금이 가는 사건이 일어나고 말았어요.

채림이 반에 우형이라는 남자애가 있는데 평소 채림이를 좋아했어요. 그런데 어느 날 우형이가 채림이에게 카드를 던져 주고 도망가는 거에요. 채림이는 궁금해서 당장 뜯어보았지요. 그건 우형이가 자기 생일 파티에 채림이를 초대한다는 내용이었어요. 채림이도 우형이에게 관심이 있었기 때문에 기분이 좋았어요. 그래서 채림이는 우형이에게 다가가 말했지요.

"남자애가 그렇게 부끄럼이 많니? 생일 파티에 꼭 갈게."

"정말? 고마워."

채림이는 그 자리에서 우형이와 약속을 했답니다. 그런데 이건 채림이의 커다란 실수였어요. 왜냐하면 생일 파티에 가기로 한 그날은 바로 예빈이의 생일이기도 했기 때문이에요. 당연히 얼마 전 예빈이에게도 초대를 받았고, 꼭 가겠다고 큰소리까지 치며 약속했었지요. 결국 채림이는 예빈이와의 약속은 까맣게 잊어버린 채 우형이의 생일 파티에 가고 말았어요. 신중하지 못

옳은 선택을 할 수 있도록 도와주는 **신중함**

한 채림이의 성격 때문에 벌어진 사건이었어요.

그날 이후 채림이는 예빈이와 전과 같이 지낼 수 없었어요. 예빈이가 토라진 얼굴로 채림이를 대했기 때문이에요. 채림이가 사과를 했지만 예빈이의 마음은 풀리지 않았어요. 채림이는 자신의 행동을 반성하며 앞으로 무슨 약속을 하기 전에 다른 일은 없는지 신중하게 생각해 보기로 다짐했어요. 그리고 예빈이를 복도로 불러 내어 다시 한 번 사과하면서 자신의 다짐을 이야기했지요. 그러자 예빈이의 마음도 점점 풀렸고, 둘은 다시 전처럼 친한 친구가 되었답니다.

신중한 사람들은 약속을 꼭 기억합니다. 여러분에게 채림이와 비슷한 경험이 있으면 말해 보세요.

옳은 선택을 할 수 있도록 도와주는 **신중함**

1) 신중하게 생각한 다음 말해 보세요

 말을 할 때도 신중하게 하는 것이 중요합니다. 다음 활동을 해 보세요.

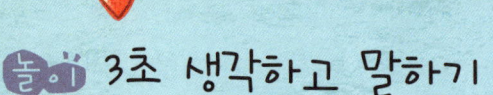 3초 생각하고 말하기

목표: 상대방에게 말을 할 때 신중하게 생각하고 말하는 습관을 기른다.

방법

1. '3초 생각하고 말하기'는 2초 동안은 내가 이 말을 해서 상대방의 기분이 어떨지, 나머지 1초 동안은 그래서 말해야 할지, 말아야 할지 생각한 후 말하는 것입니다.
2. 짝을 지어 앉은 후 상대방이 고쳤으면 하는 점을 찾아내어 3초 생각하고 말하기 규칙에 따라 말해 줍니다.
3. 짝을 바꿔가면서 '3초 생각하고 말하기'를 해 봅니다.
4. 각자의 느낌을 발표해 봅니다.

신중하게 말할 때 어떤 어려움이 있었나요?

신중하게 하는 말을 들을 때 기분이 어땠나요?

무심코 던진 말 한마디에 상대방은 큰 상처를 받을 수 있습니다. 말을 할 때도 신중하게 해야 합니다.

숙제: 신중 성품 점검표에 한 주간 생활 속에서 실천한 것을 기록하기.

4. 점검 및 확인하기

수업 목표: 실제 생활 속에서 신중하게 행동하는 습관을 기른다.

신중 성품 점검표 확인하기

신중 성품 점검표에 기록한 것을 여기에 옮겨 보세요.

문제 해결 실천 사항	월	화	수	목	금	토	일
1. 오해하는 말 하지 않도록 조심하기							
2. 친구의 기분을 나쁘게 하는 말 하지 않기							
3. 영화나 책 등을 구별해서 보기							
4. 3초 생각하고 말하기							
5. 친구의 기분을 나쁘게 하는 행동 하지 않기							
6. 마트에서 꼭 사야 할 물건만 사기							
7. 어떤 일을 할 때 어떻게 될지 생각해 보고 행동하기							

잘했으면 ○표, 중간은 △표, 못했으면 ×표 하기

지난주에 실천 사항을 잘 지켰나요?

실천 사항을 잘 지켰을 때 어떤 일이 있었나요?

옳은 선택을 할 수 있도록 도와주는 **신중함**

1) 서로 이야기해 보세요

지난주에 신중하게 행동했던 것을 나누어 봅시다. 다음 활동을 해 보세요.

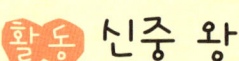 신중 왕 뽑기

목표: 지난주 신중 성품 점검표에 기록한 것을 나누면서 나의 생활을 반성해 보고 앞으로 계속해서 신중한 어린이가 될 수 있도록 노력한다.
준비물: 신중 성품 점검표

방법
1. 전체를 두 모둠으로 나누고 각 모둠별로 팀장을 정합니다.
2. 모둠끼리 지난주에 작성한 신중 성품 점검표를 나누고 제일 잘 실천한 사람을 2명씩 정합니다.
3. 뽑힌 4명이 앞으로 나와 가장 기억에 남았던 사건을 한 가지씩 이야기합니다.
4. 어떤 친구의 이야기가 가장 마음에 드는지 정해 이야기합니다.

앞으로 더욱더 신중하게 행동하려면 어떻게 해야 할까요?

2) 정리하고 결심해요

다음은 지금까지 배운 신중함에 대해 다시 한 번 정리한 것입니다. ( ) 안에 들어갈 말을 적어 보세요.

정리 신중함

1. 신중함이란 어떤 일을 매우 ( )스럽게 대하거나 행동하는 것입니다. 따라서 신중한 사람은 함부로 말하거나 ( )하게 행동하지 않습니다.
2. 신중한 사람이 조심스럽게 말하거나 행동하는 것은 실수를 피하고 더 ( ) 선택을 하기 위해서입니다.
3. 신중한 사람은 옳은 것과 그른 것을 잘 ( )하여 옳은 것을 선택합니다.
4. 지나치게 신중하면 오히려 ( )가 되기도 합니다.
5. 신중한 사람들은 ( )을 꼭 기억합니다.

참고. 조심, 함부로, 올바른, 구별, 문제가, 하나님

이제 신중함에 대한 수업이 끝났습니다. 앞으로 어떻게 행동할지 결심한 것을 말해 보세요.

숙제: 다음 주에 배울 '인내'에 대한 뜻 알아 오기.

성공적인 삶으로 이끌어 주는
인내

1. 인내란 무엇일까요?

> 수업 목표: 인내의 뜻을 이해하고 왜 인내해야 하는지 배운다.

다음 이야기에서 무엇을 배울 수 있을까요?

삼고초려(三顧草廬)

'삼고초려'라는 사자성어를 들어 본 적 있나요? 삼고초려는 '인재를 만나기 위해 참을성 있게 힘쓰다.'라는 뜻입니다. 이 사자성어는 삼국지에 나오는 유비와 제갈량의 이야기에서 유래되었습니다.

중국 후한 말, 유비는 관우, 장비와 당시 세력을 떨치던 조조를 물리치려고 했습니다. 하지만 뛰어난 전략이 없어서 번번이 실패했습니다. 그러던 어느 날, 유비는 제갈량이 아주 뛰어난 전략가라는 것을 알게 되었습니다.

그래서 유비는 관우, 장비와 함께 제갈량의 초가집에 찾아갔습니다. 겨울이라 날씨가 굉장히 춥자 관우와 장비가 불평을 했습니다.

"제갈량이란 사람이 얼마나 대단하기에 이 추위를 뚫고 간답니까?"

그러자 유비는 이렇게 대답했습니다.

"우리에게 전략가가 없다면 우리의 앞날은 이 추위보다 훨씬 추울 것이다.

그러니 불평하지 말아라."

　세 사람은 이윽고 제갈량의 집에 도착했습니다. 하지만 그는 외출 중이었습니다. 그들은 며칠이 지나 제갈량의 집에 다시 찾아갔지만, 역시 그는 집에 없었습니다. 사실은 세 사람이 찾아왔었다는 것을 알면서도 일부러 집을 비운 것이었습니다. 제갈량의 무례한 행동에 장비는 화가 나서 펄펄 뛰었습니다. 하지만 유비는 장비를 말리며 차분히 말했습니다.

　"제갈량은 우리에게 꼭 필요한 사람이다. 그를 데려올 수만 있다면 세 번이 아니라 삼백 번도 올 것이다."

　유비와 장비, 관우는 세 번째로 찾아갔을 때야 비로소 제갈량을 만날 수 있었습니다. 제갈량이 자신을 만나기 위해 인내하며 세 번이나 먼 길을 온 유비에게 감동했기 때문입니다. 이후 유비는 제갈량을 자신의 전략가로 삼아, 그의 지혜로 조조의 100만 대군에 대항했습니다. 뿐만 아니라 제갈량은 훗날 유비가 촉한을 세우는 데 큰 도움을 주었습니다.

　유비는 제갈량을 만나기 위해 세 번이나 찾아갔습니다. 유비가 그렇게 참고 기다린 이유는 무엇일까요?

성공적인 삶으로 이끌어 주는 인내

1) 인내란 무슨 뜻일까요?

다음의 상황에서 어떻게 행동하는 것이 옳을까요?

엄마와 함께 책을 빌리러 도서관에 갔습니다.

지은이는 엄마를 기다리며
조용히 책을 읽고 있습니다.

준하와 수하는 엄마를 기다리는
잠깐을 참지 못하고, 큰 소리로 떠듭니다.

아빠와 산꼭대기까지 올라가기로 약속하고 함께 산에 갔습니다.

주영이는 힘들었지만 꾹 참고
씩씩하게 산꼭대기까지 올라갔습니다.

규종이는 다리가 아픈 나머지
아빠에게 투정을 부렸습니다.

인내란 어려운 일 앞에서 포기하지 않고 참고 견디는 것을 말합니다. 인내하면 결국 어려운 상황을 이겨 내고 목표를 이루는 기쁨을 누릴 수 있습니다.

어떤 일에 대해 시간이 걸리더라도 불평하지 않고 기다리는 것도 인내입니다. 인내하면 너그러운 마음을 가진 성숙한 사람이 될 수 있습니다.

어려운 상황에서 인내를 했던 경우가 있다면 적어 보세요.

2) 인내가 필요해요

식물을 키우기 위해서는 인내가 필요해요.

> 씨앗을 심는다고 곧바로 쑥쑥 자라지 않습니다.
> 그래서 식물을 키울 때는 인내가 필요합니다.

콩나물처럼 빨리 자라는 식물도 있지만 대부분의 식물은 몇 주에서 몇 년에 걸쳐 자랍니다. 그래서 이런 식물을 키울 때는 오래 참고 기다릴 줄 아는 인내가 필요합니다.

자라는 데 오랜 시간이 걸리는 식물을 키워 본 적 있나요? 식물이 다 자랄 때까지 기다리니 어떤 모양이 되었나요? 아래에 적어 보세요.

동물들에게도 인내가 필요해요.

> 남극에 사는 황제펭귄은 알을 부화시키려고 오랫동안 기다립니다.

　황제펭귄은 알을 부화시키기 위해 60일이 넘도록 아무것도 먹지 않고 참습니다. 알을 자신의 몸으로 품은 채 매서운 눈보라와 영하 60도를 오르내리는 강추위를 참으며 새끼가 무사히 태어날 때까지 기다립니다. 아무리 남극에 사는 동물이라도 두 달 동안 아무것도 먹지 않고 엄청난 추위를 참아 내기란 쉽지 않습니다. 그러나 황제펭귄은 끈기 있게 추위를 견뎌서 결국 알을 부화시킵니다.

　황제펭귄 외에도 오랫동안 알을 품고 있어야 하는 동물들을 조사한 뒤, 아래에 적어 보세요.

3) 인내심을 기를 수 있어요

원하는 것을 얻기 위해서는 기다림이 필요합니다. 다음 활동을 해 보세요.

 새싹 키우기

목표: 식물이 자라는 과정을 관찰하며 인내심을 기른다.
준비물: 무순 씨앗, 우묵한 그릇, 거즈나 키친타월, 물, 분무기, 천이나 신문지

방법

1. 무순 씨앗을 씻어 미지근한 물에 반나절 불립니다. 이때 물에 뜨는 씨앗은 건져 냅니다.
2. 거즈나 키친타월을 깐 플라스틱 용기에 불린 씨를 골고루 뿌리고 천이나 신문지로 덮어 따뜻한 곳에 둡니다.
3. 씨앗이 마르지 않게 분무기로 물을 자주 뿌려 줍니다.
4. 이틀 정도가 지나 싹이 트면 신문지를 벗겨 실내에 두고 자주 물을 뿌려 주세요.
5. 일주일 정도 지나면 무순이 완전히 자랍니다. 수확 하루 전에 햇볕을 쪼이면 무순의 색깔이 더 진해집니다.

정성껏 물을 주며 잘 참고 기다리면 일주일 뒤에 예쁜 무순이 자라 있는 것을 볼 수 있어요. 무순에서 처음 싹이 났을 때 어떤 기분이 들었나요? 아래에 적어 보세요.

월   일   요일   날씨

숙제: 1. 무순을 키우면서 관찰 일기 써 보기.
　　　2. 다른 새싹 채소 키우는 방법을 더 조사해 보기.

2. 리더들을 통해 배워 봅시다

수업 목표: 훌륭한 리더들의 이야기를 읽고 인내의 중요성을 배운다.

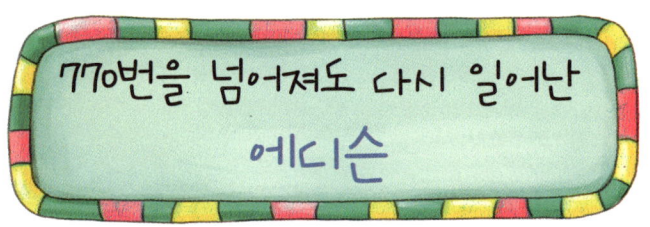

770번을 넘어져도 다시 일어난 에디슨

"천재는 99퍼센트의 노력과 1퍼센트의 영감(창조적인 일의 계기가 되는 기발한 생각)으로 만들어진다."

발명왕 에디슨이 남긴 아주 유명한 말입니다. 우리가 보기에 발명왕 에디슨은 남다른 재주를 갖고 있는 것 같은데, 왜 이런 말을 했을까요? 사실 이 말은 에디슨의 경험에서 나온 것입니다.

에디슨이 학교를 제대로 다니지 못했다는 사실은 널리 알려져 있습니다. 그는 호기심이 강해 모든 것에 관심이 많았기 때문에 수업 시간에도 선생님께 엉뚱한 질문을 했습니다. 학교에서는 그런 에디슨을 이상한 아이라고 생각했고, 입학한 지 3개월 만에 에디슨을 학교에서 쫓아냈습니다. 이처럼 학교에 못 가게 된 에디슨은 집에서 어머니의 가르침을 받으며 자신의 호기심을 채워 나가기 시작했습니다. 그리고 이때부터 많은 실험을 해 보면서 여러 가지 물건들을 발명했습니다.

끊임없는 노력으로 발명왕이 된 에디슨

　예전에는 사람들이 밤에 책을 읽으려면 촛불이나 등잔불을 켜야 했습니다. 에디슨은 전구를 발명해서 사람들을 편리하게 해 주고 싶었습니다. 그러나 전구를 발명하는 일은 쉽지 않았습니다. 하지만 에디슨은 포기하지 않았습니다. 그는 무려 770번의 실험 끝에 마침내 세계 최초로 전구를 발명하는 데 성공했습니다.

🌻 교훈　만약 에디슨이 중간에 포기했다면 오늘날 우리 생활을 편리하게 하는 전구는 훨씬 늦게 발명되었을 것입니다.

차가운 반응에 뜨거운 열정으로 승리한 베토벤

인류 역사에서 가장 위대한 음악가로 '베토벤'을 꼽는 사람이 많습니다. 베토벤은 역사에 남을 만큼 위대한 업적을 남겼습니다. 그러나 베토벤의 업적 뒤에는 엄청난 인내가 있었습니다.

그는 젊어서부터 실력을 인정받은 피아노 연주자였습니다. 하지만 그가 첫 번째 교향곡을 세상에 내놓았을 때, 사람들의 반응은 싸늘하기만 했습니다. 그래도 베토벤은 흔들리지 않았습니다. 편안한 삶보다는 위대한 삶을 살아야 한다고 생각했기 때문이었습니다.

그러던 어느 날 엎친 데 덮친 격으로 갑자기 귀마저 들리지 않았습니다. 좋은 곡을 쓰려면 아주 예민한 감각이 필요한데 말입니다. 하지만 베토벤은 그 어떤 시련에도 포기하지 않고 오직 훌륭한 곡을 만들기 위해 최선을 다했습니다. 그리고 그는 마침내 '영웅 교향곡'으로 사람들에게 인정받는 작곡가가 되었습니다.

교훈 만약 베토벤이 어려움을 참지 못하고 중간에 포기해 버렸다면 베토벤의 위대한 음악은 탄생할 수 없었을 것입니다.

이 밖에 인내를 통해 좋은 결과를 얻은 사람에 대해 이야기해 보세요.

1) 인내심을 길러 보세요

 우리도 인내심이 강한 사람이 될 수 있어요. 다음 활동을 해 보세요.

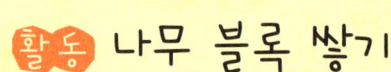 나무 블록 쌓기

목표: 나무 블록이 넘어지지 않도록 조심조심 쌓으며 인내심에 대해 배운다.

준비물: 한 모둠 당 나무 블록 50개 정도(백 원짜리 동전도 가능)

방법

1. 4~5명씩 한 모둠을 만듭니다.
2. 차례를 정해 한 사람이 블록 한 개씩을 쌓습니다. 넘어지지 않도록 균형을 잘 맞추며 쌓아야 합니다.
3. 나무 블록을 쓰러뜨리지 않고 가장 높이 쌓는 모둠이 이기게 됩니다.

나무 블록을 쓰러뜨리지 않고 쌓을 때 어떤 점이 가장 어려웠나요? 주어진 나무 블록을 모두 쌓기 위해서 어떤 성품이 가장 필요했나요?

숙제: 일상생활에서 인내심이 필요한 경우를 생각해 보고 성품 노트에 적어 오기.

3. 실제 생활에서 배워 봅시다

수업 목표: 실제 생활의 이야기를 읽고 인내를 배우며 적용한다.

퍼즐 맞추기를 통해 배운
인내

"지민아! 이제 수학 숙제 해야지!"

엄마의 목소리가 들리자, 지민이는 억지로 텔레비전을 끄고 책상 앞에 앉았습니다. 하지만 수학 문제가 너무 어려워서 조금 풀다가 포기해 버렸습니다. 그 모습을 본 엄마가 지민이를 나무라셨습니다.

"지민아, 조금 힘들다고 그렇게 쉽게 포기해 버리면 안 된단다. 훌륭한 어른이 되려면 참고 인내할 줄 알아야 해."

그래도 지민이는 집중하기가 어려웠습니다.

다음 날, 엄마는 그런 지민이를 위해 퍼즐을 사 오셨습니다. 지민이는 퍼즐을 신 나게 맞춰 보았습니다. 하지만 생각처럼 잘되지 않았습니다. 금방 싫증이 나서 포기하려고 하자 아빠가 지민이에게 말씀하셨습니다.

"아빠랑 함께해 보자. 만약 지민이가 다 맞추면 소원 하나 들어줄게."

"정말이요? 와! 신 난다!"

평소에 야구 글러브를 꼭 갖고 싶었던 지민이는 열심히 퍼즐을 맞추기 시작했습니다. 지민이는 아빠와 머리를 맞대고는 1시간 동안 퍼즐을 모두 맞췄습니다. 퍼즐을 다 맞추고 나니 정말로 뿌듯했고, 재미도 있었습니다. 또 아빠의 칭찬과 함께 야구 글러브를 선물로 받았습니다. 그 뒤로 지민이는 어려운 문제도 포기하지 않는 습관이 생겼습니다.

인내심이 강한 사람은 어려운 일 앞에서도 쉽게 포기하지 않습니다. 여러분도 이와 비슷한 경험이 있으면 말해 보세요.

160도의 쿠키와 200도의 쿠키

인수의 배에서 꼬르륵 소리가 나기 시작했습니다. 점심을 먹은 지는 얼마 되지 않았지만 아까 체육 시간에 축구를 너무 열심히 했는지 금세 배가 고파졌습니다.

"엄마, 밥 주세요!"

인수는 집에 오자마자 엄마께 밥을 달라고 보챘습니다.

"저녁 먹기 전까지 시간이 있으니 엄마랑 쿠키 만들어 먹을까?"

쿠키는 인수가 좋아하는 간식입니다. 하지만 쿠키를 만들기까지 시간이 오래 걸려서 인수는 잠깐 망설였습니다. 그런데 엄마는 벌써 반죽을 시작하셨습니다. 하는 수 없이 인수는 엄마를 도와 드렸습니다. 배에서 나는 꼬르륵 소리는 점점 더 커졌고, 인수는 더 이상 참을 수가 없었습니다.

"엄마, 아직 멀었어요? 너무 배고파요."

"오븐 온도를 160도에 맞췄으니까 15분만 더 기다리렴."

엄마가 뒷정리를 하고 계신 동안 인수는 곰곰이 생각해 보았습니다.

'160도에 맞추면 15분이 걸린다고? 그러면 200도로 올리면 10분이면 완성되지 않을까?'

인수는 엄마 몰래 오븐 온도를 200도로 돌렸습니다.

앗! 그런데 이상한 냄새가 났습니다. 쿠키가 모두 타 버린 겁니다. 인수는 새까맣게 타 버린 쿠키를 보니 눈물이 났습니다. 결국 인수는 저녁밥을 먹을 때까지 배고픔을 참아야 했습니다.

인수는 몇 분을 참지 못해 쿠키를 먹지 못했어요. 인수가 조금만 참았다면 맛있는 쿠키를 먹을 수 있었겠지요? 여러분도 이와 비슷한 경험이 있었다면 적어 보세요.

1) 인내하는 어린이가 되어 보세요

연습을 통해 우리도 인내하는 어린이가 될 수 있습니다. 다음 활동을 해 보세요.

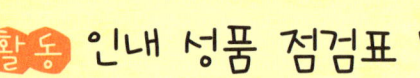 인내 성품 점검표 만들기

목표: 생활 속에서 인내해야 하는 행동들을 표로 만들어서 실천해 보며 인내심을 기른다.

준비물: 인내 성품 점검표(62쪽)

방법

1. 62쪽에 있는 인내 성품 점검표의 예를 읽어 봅니다.
2. 다 읽었으면 인내 성품 점검표에 내가 실천할 수 있는 행동들을 적고 이번 주 동안 실천합니다.
3. 한 주간 잘 지켰는지 선생님 혹은 부모님과 함께 확인합니다.

지난 한 주간 인내를 통해 배운 점을 적어 보세요.

우리가 인내심을 발휘하면 더 성숙한 어린이가 될 수 있습니다.

4. 점검 및 확인하기

> 수업 목표: 실제 생활 속에서 인내하는 습관을 기르도록 한다.

인내 성품 점검표 확인하기

인내 성품 점검표에 기록한 것을 여기에 옮겨 보세요.

인내 실천 사항	월	화	수	목	금	토	일
일주일 동안 시간을 정해 놓고 책 읽기							
버스 줄 서서 기다리기							
얌전히 앉아 병원 진료 기다리기							
신호등 끝까지 기다리기							
엄마 아빠 대화 끝날 때까지 기다리기							
엄마 요리 끝날 때까지 참고 기다리기							
차가 막혀도 불평하지 않고 기다리기							

잘했으면 ○표, 중간은 △표, 못했으면 ×표 하기

이번 주에 어려움이 있어도 인내하면서 지냈나요? 어떤 것이 가장 기억에 남았나요?

인내할 때 가장 어려웠던 점은 무엇이었나요?

인내하면서 새롭게 알게 된 점을 적어 보세요.

1) 서로 이야기해 보세요

 지난주에 집과 학교에서 인내했던 일을 말해 보고, 다음 활동을 해 보세요.

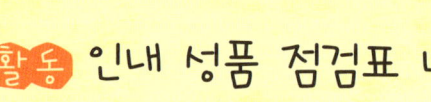 인내 성품 점검표 나누기

목표: 지난주에 기록했던 인내 성품 점검표를 나눔으로써 잘한 점과 잘못한 점을 되돌아본다.
준비물: 인내 성품 점검표, 성품 노트

방법
1. 각 모둠별로 모여서 지난주에 실천한 일들을 이야기합니다.
2. 인내하기 가장 쉬웠던 일이 무엇인지 이야기합니다.
3. 반대로 인내하기 가장 어려웠던 일을 이야기합니다.
4. 친구와 다 나눈 뒤에는 친구의 '인내 경험'을 통해 깨닫게 된 점을 성품 노트에 적어 봅니다.

어떤 어려움 앞에서도 인내하려면 어떻게 행동해야 할까요?

인내하면서 보람 있었던 점을 말해 보세요.

2) 정리하고 결심해요

다음은 지금까지 배운 인내에 대해 다시 한 번 정리한 것입니다. ( ) 안에 들어갈 말을 적어 보세요.

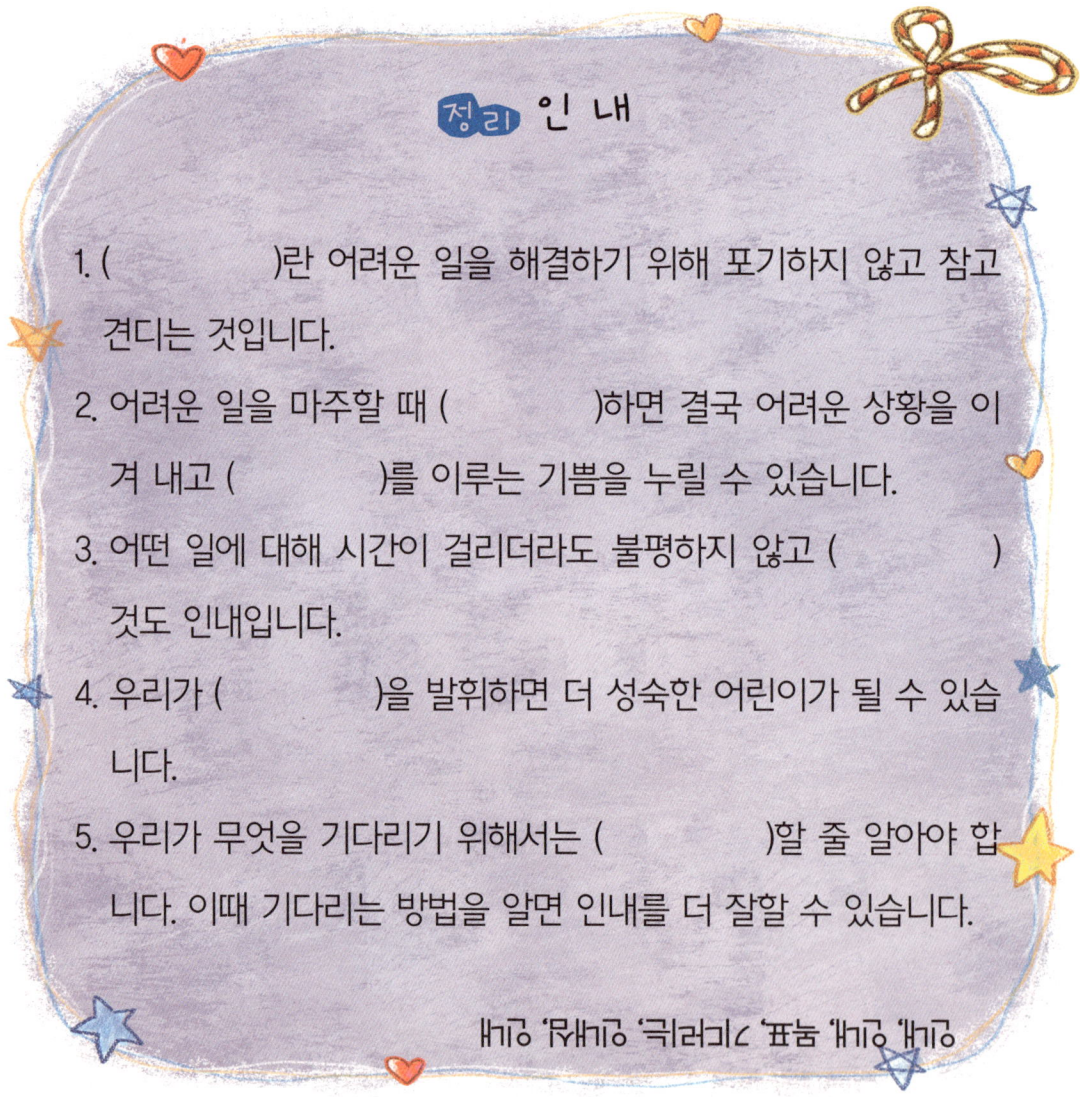

정리 인 내

1. ( )란 어려운 일을 해결하기 위해 포기하지 않고 참고 견디는 것입니다.
2. 어려운 일을 마주할 때 ( )하면 결국 어려운 상황을 이겨 내고 ( )를 이루는 기쁨을 누릴 수 있습니다.
3. 어떤 일에 대해 시간이 걸리더라도 불평하지 않고 ( ) 것도 인내입니다.
4. 우리가 ( )을 발휘하면 더 성숙한 어린이가 될 수 있습니다.
5. 우리가 무엇을 기다리기 위해서는 ( )할 줄 알아야 합니다. 이때 기다리는 방법을 알면 인내를 더 잘할 수 있습니다.

인내, 인내, 노력, 기다리는, 인내, 인내

이제 인내에 대한 수업이 끝났습니다. 앞으로 어떻게 행동할지 결심한 것을 적어 보세요.

여러분 중에 인내 챔피언은 누구입니까?

숙제: 다음 주에 배울 '자신감'에 대한 뜻 알아 오기.

뜻한 대로 이루어 내는 굳센 의지
자신감

1. 자신감이란 무엇일까요?

> 수업 목표: 자신감의 뜻을 이해하고 왜 자신감을 가져야 하는지 배운다.

다음 이야기에서 무엇을 배울 수 있을까요?

샤킬 오닐의 내기

2미터 16센티미터, 150킬로그램. 이것은 미국 NBA 농구 리그에서 세계적으로 이름을 날렸던 샤킬 오닐의 키와 몸무게입니다. 그는 이렇게 엄청난 몸집으로 농구 코트를 열심히 뛰어다녔던 최고의 선수였습니다.

어느 날, 샤킬 오닐의 팀에 최고의 신인 선수였던 앤퍼니 하더웨이가 들어오게 됐습니다. 늘 자신에 차 있었던 샤킬 오닐은 하더웨이에게 내기를 걸었습니다.

"만약 네가 열 번 공격해서 내 수비를 뚫고 한 골이라도 넣으면 1,000달러를 주겠어."

하더웨이는 자신만만하게 대답했습니다.

"좋아요. 돈이나 준비해 놓으세요."

드디어 두 사람의 내기 경기가 시작되었습니다. 하더웨이는 신인이었지만 이미 뛰어난 실력을 가진 선수였습니다. 하지만 하더웨이는 열 번의 공격 가운데 한 골도 성공시키지 못했습니다. 그러자 하더웨이는 혀를 내두르며 감탄했습니다.

"지금 같은 자신감이라면 어느 누구도 선배의 수비를 뚫고 골을 넣을 수 없을 거예요."

샤킬 오닐이 만만치 않은 실력을 가진 후배에게 1,000달러의 내기를 걸 수 있었던 것은 무엇 때문이었을까요?

뜻한 대로 이루어 내는 굳센 의지 **자신감**

1) 자신감이란 무슨 뜻일까요?

누가 더 자신감이 있는 친구일까요?

다솔이는 징검다리를 자신감 있게 성큼성큼 건넙니다.

윤호는 물에 빠질까 봐 징검다리를 건너지 못합니다.

유민이는 친구들 앞에서 자신 있게 발표를 합니다.

민우는 우물쭈물하며 발표를 잘하지 못합니다.

자신감이란 어떤 일을 잘할 수 있다고 믿는 마음입니다. 자신감이 있는 사람은 모든 일에 적극적으로 행동하지만 자신감이 없는 사람은 소극적으로 행동합니다. 따라서 자신감을 가지고 어떤 일을 하면 그 일을 잘할 수 있게 됩니다.

주변에 자신감이 넘치는 친구가 있나요? 어떤 점 때문에 자신감이 있어 보인다고 생각되나요?

뜻한 대로 이루어 내는 굳센 의지 **자신감**

2) 자신감은 무척 중요해요

다음은 자신감 없는 사람들의 태도와 행동입니다.

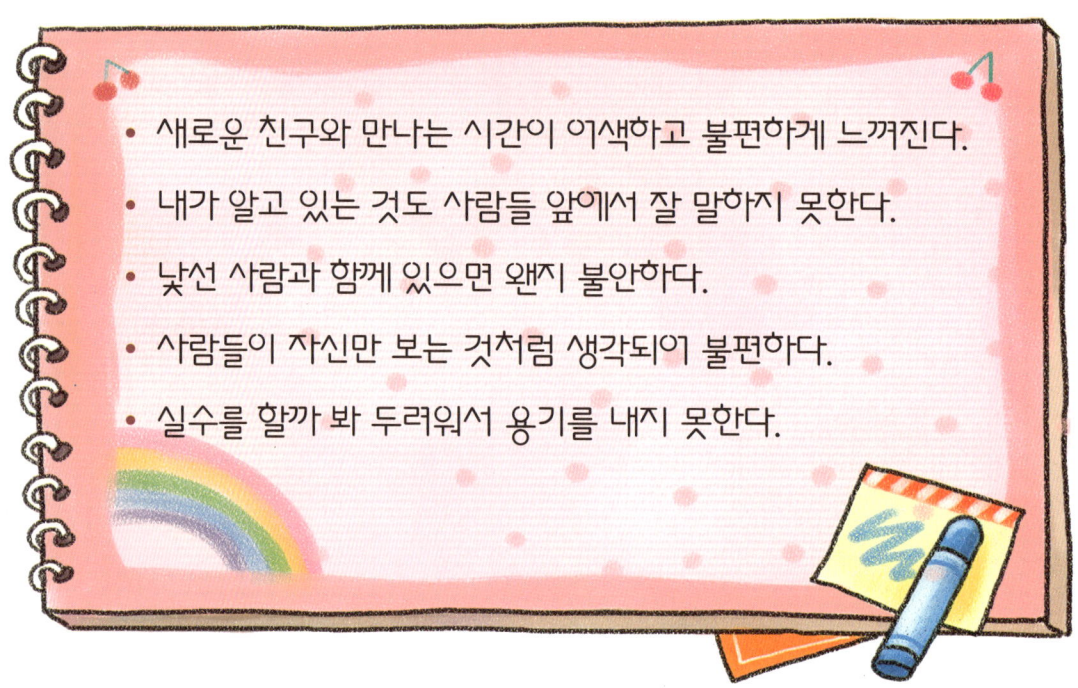

- 새로운 친구와 만나는 시간이 어색하고 불편하게 느껴진다.
- 내가 알고 있는 것도 사람들 앞에서 잘 말하지 못한다.
- 낯선 사람과 함께 있으면 왠지 불안하다.
- 사람들이 자신만 보는 것처럼 생각되어 불편하다.
- 실수를 할까 봐 두려워서 용기를 내지 못한다.

자신감이 없으면 이렇게 여러 가지 상황에서 어려움을 당하게 됩니다. 나는 어떤 부분에서 자신감이 없는지 말해 보세요.

자신감이 충만해지면 이렇게 행동합니다.

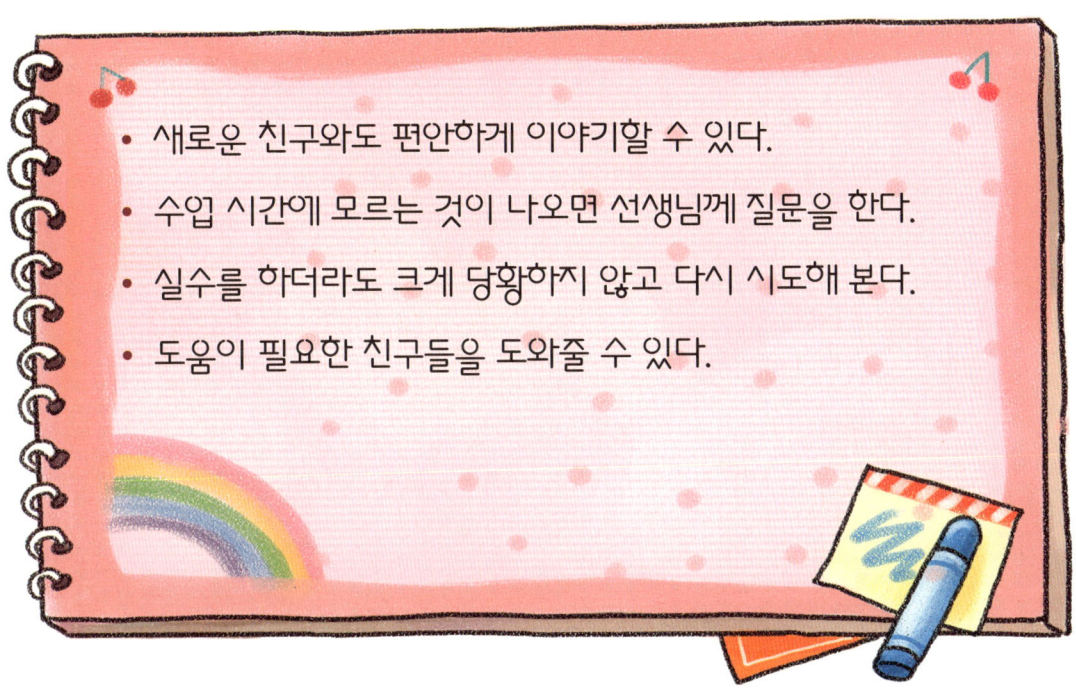

- 새로운 친구와도 편안하게 이야기할 수 있다.
- 수업 시간에 모르는 것이 나오면 선생님께 질문을 한다.
- 실수를 하더라도 크게 당황하지 않고 다시 시도해 본다.
- 도움이 필요한 친구들을 도와줄 수 있다.

이 외에도 자신감이 있으면 어떻게 행동하게 되는지 말해 보세요.

3) 자신감을 키워 보세요

자신감을 키우기 위해서는 실제 상황에 대비한 연습이 중요합니다. 다음 활동을 해 보세요.

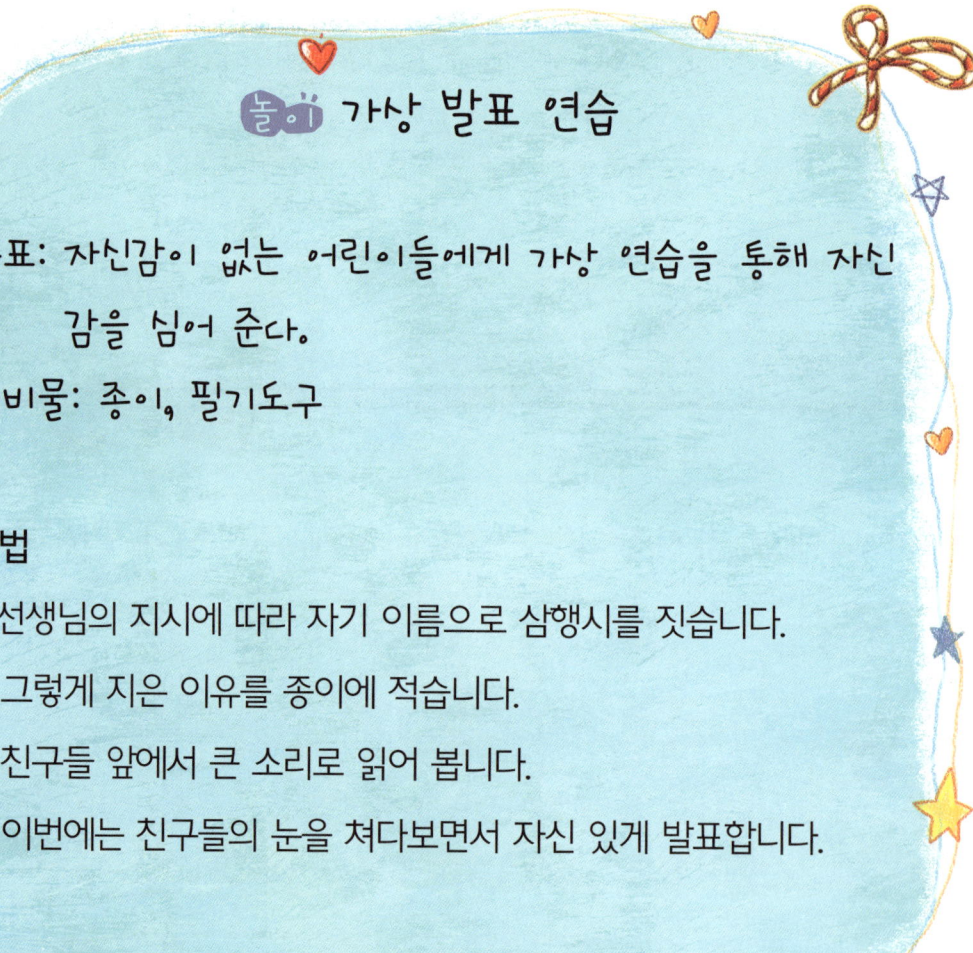

놀이 가상 발표 연습

목표: 자신감이 없는 어린이들에게 가상 연습을 통해 자신감을 심어 준다.
준비물: 종이, 필기도구

방법
1. 선생님의 지시에 따라 자기 이름으로 삼행시를 짓습니다.
2. 그렇게 지은 이유를 종이에 적습니다.
3. 친구들 앞에서 큰 소리로 읽어 봅니다.
4. 이번에는 친구들의 눈을 쳐다보면서 자신 있게 발표합니다.

자기가 잘하지 못하는 것을 계속 연습하고 도전하다 보면 어느새 자신감이 생깁니다. 앞으로 어떤 일에 자신감을 갖고 도전하고 싶은지 말해 보세요.

숙제: 1. 가족들 앞에서 큰 소리로 자신의 주장을 말해 보기.
2. 자신감이 넘쳤던 인물에 대해 조사하여 정리해 오기.

2. 리더들을 통해 배워 봅시다

수업 목표: 훌륭한 리더들의 이야기를 읽고 자신감의 중요성을 생각한다.

어머니에게 자신감을 배운
잭 웰치

잭 웰치는 미국 기업 GE(제너럴 일렉트릭)의 최연소 회장이 된 후 GE를 세계 최고의 기업으로 성장시켰습니다. 그는 2001년 영국의 <파이낸셜 타임스>가 선정한 '세계에서 가장 존경받는 경영인'에 뽑혔습니다. 잭 웰치는 자신이 이렇게 성공할 수 있었던 것은 어린 시절부터 자신감을 불어넣어 주었던 어머니 덕분이었다고 말했습니다.

어린 시절, 잭 웰치는 또래 아이들보다 키가 작고 무엇보다 말을 더듬어 놀림감이 되곤 했습니다. 잭 웰치가 풀이 죽어 있을 때 그의 어머니는 아들에게 이렇게 말했습니다.

"잭, 네가 말을 더듬는 것은 혀가 따라오지 못할 정도로 네가 똑똑하기 때문이란다."

잭 웰치는 어머니의 칭찬에 힘을 얻고 스스로에 대해 자신감을 갖게 되었으며 그때부터 무엇이든지 열심히 하기 시작했습니다.

그 후 어른이 되었을 때 그에게 수많은 어려움이 닥쳤지만 잭 웰치는 흔들리지 않았습니다. 성공할 수 있다는 자신감 때문입니다. 이런 자신감을 바탕으로 잭 웰치는 모든 시련을 이겨 내고 세계 최고의 기업인으로 우뚝 설 수 있었습니다.

교훈 잭 웰치는 스스로에 대한 자신감을 바탕으로 성공을 거두었습니다. 자신감은 어떤 어려운 일도 가능하게 만들어 줍니다.

뜻한 대로 이루어 내는 굳센 의지 **자신감**

음악에 대한 자신감으로 충만했던 조수미

조수미는 우리나라가 낳은 세계적인 소프라노입니다. 그녀는 최고의 소프라노에게 주어지는 상을 받기도 했고, 최고 음악가 상을 받기도 했습니다. 이처럼 그녀가 최고의 자리에 오를 수 있었던 것은 음악에 대한 자신감 때문이었습니다.

어느 날 조수미는 세계적인 지휘자 로린 마젤을 만나 오디션을 받게 되었습니다. 이때 그녀는 가장 부르기 어렵다는 라벨의 곡을 불렀습니다. 이렇게 어려운 곡을 선택한 것은 실력에 자신이 있었기 때문입니다. 그동안 이 곡을 수백 번도 더 연습했던 것입니다. 이윽고 조수미의 노래가 끝났을 때 마젤은 놀랍다는 듯 고개를 끄덕이며 말했습니다.

"당신은 거의 절대 음감(소리만 듣고 그 음이 어떤 음인지 알아내는 능력)을 가

지고 있군."

그때 조수미는 자신감 있는 목소리로 말했습니다.

"거의가 아니라 완벽한 음감을 가지고 있습니다."

조수미의 말에 마젤은 곧바로 호탕한 웃음을 터뜨렸습니다.

"그 자신감, 정말 대단해. 합격이야, 합격!"

남들이 볼 때 당돌하다고 여길 수 있는 상황이지만, 마젤은 그보다 자신감에 넘치는 조수미의 모습을 더 높이 샀던 것입니다.

🌻 교훈 자신감은 어떤 어려운 일 앞에서도 자신을 당당하게 만들어 줍니다.

이 외에도 자신감과 관련된 리더가 또 있는지 조사하여 말해 봅시다.

1) 우리도 자신감을 가질 수 있어요

우리도 자신감을 갖고 모든 일을 할 수 있습니다. 다음 활동을 해 보세요.

 자신감 인물 발표하기

목표: 위대한 인물을 조사하고, 조사한 내용을 발표하는 연습을 통하여 자신감을 기른다.
준비물: 인물을 조사하여 정리한 공책

방법
1. 자신감이 가득했던 인물을 조사하여 공책에 정리합니다(미리 해 오기).
2. 둘씩 짝을 지어 각자 조사해 온 인물에 대해 간단히 이야기를 나눕니다.
3. 한 사람씩 앞으로 나와 자신이 조사해 온 인물에 대해 친구들 앞에서 발표합니다.

친구들이 발표한 내용 중 어떤 인물의 이야기가 가장 마음에 와 닿았나요?

자신감이 넘쳤던 위대한 인물의 이야기를 읽다 보면 나도 그 인물처럼 자신감을 가질 수 있게 됩니다.

숙제: 가족들에게 다섯 가지씩 칭찬해 주고 또 자신에게도 다섯 가지씩 칭찬해 달라고 한 후 그 내용을 기록해 오기.

3. 실제 생활에서 배워 봅시다

수업 목표: 실제 생활의 이야기를 통해 자신감을 배우고 적용한다.

자신감 덕분에 스타가 된 윤희

윤희는 어릴 때부터 몸이 약해 부모님이 걱정을 많이 하셨습니다. 그래서 태권도 도장에 다니게 되었습니다. 태권도 도장에 온 아이들은 대부분 남자아이들이었기에 어색하기도 했지만 열심히 운동을 한 덕분에 윤희는 점점 건강해졌습니다. 무엇보다 소극적이

던 성격이 적극적으로 변했습니다. 어느 날, 관장님이 아이들에게 태권도 시범 대회에 나가고 싶은 사람은 손을 들라고 했습니다. 아이들이 모두 자신이 없어 망설이고 있을 때 윤희는 힘차게 손을 들었습니다. 남자아이들이 모두 깜짝 놀랐습니다. 왜냐하면 웬만큼 실력이 없으면 시범 대회에 나갈 수 없고 그동안 시범 대회에는 주로 남자들이 나갔기 때문이었습니다. 그런데 여자인 윤희가 나가겠다고 하니 놀랄 수밖에 없었던 것입니다.

윤희는 그날부터 더욱 열심히 태권도 연습을 했습니다. 드디어 시범 대회가 열리던 날, 윤희는 그동안 쌓았던 실력을 자신 있게 펼쳤고, 모두의 박수갈채를 받았습니다.

만약 윤희가 자신감이 없어서 손을 들지 않았다면 열심히 연습한 태권도 실력을 선보일 수 없었겠지요? 윤희처럼 자신 있게 어떤 일을 했던 경험이 있으면 말해 보세요.

요리에 자신감을 얻게 된 이슬이

이슬이는 어려서부터 요리에 관심이 많았어요. 엄마가 카레를 만들 때면 엄마 옆에 찰싹 달라붙어 귀찮게 하기 일쑤였어요. 또 아빠가 라면을 끓일 때 옆에서 거들다가 그만 손가락을 데기도 했답니다.

그러다 3학년이 되면서 이슬이는 처음으로 요리를 만들게 되었어요. 바로 계란 프라이였지요. 자신이 만든 계란 프라이를 아빠와 동생이 맛있게 먹자 이슬이는 마음이 뿌듯했답니다. 신이 난 이슬이는 점점 더 어려운 요리에 도전해 보았어요. 계란과 밀가루를 섞고 설탕도 넣은 다음 프라이팬에 기름을 두르고 부쳐 보았더니 제법 맛있는 팬케이크가 만들어지지 뭐예요. 이슬이는 기분이 참 좋았답니다.

어느 날 이슬이네 집에 남동생 친구들이 놀러 왔어요. 마침 엄마도 외출 중이었기 때문에 이슬이는 동생 친구들에게 맛있는 것을 만들어 주겠다고 말했지요.

"어떻게 초등학교 3학년인 누나가 요리를 해?"

아이들은 모두 고개를 갸우뚱했어요.

그러나 이슬이는 자신이 있었어요. 그전부터 많이 해 보았으니까요. 이슬이는 이번에는 계란에 우유까지 넣고 설탕과 베이킹파우더도 약간 넣어 팬케이크를 만들었어요. 모락모락 김이 나는 팬케이크는 무척 먹음직스러워 보였어요. 아이들이 한 조각을 집어 입에 넣었어요.

"이야! 정말 맛있다. 누나, 다음에 또 해 줘."

아이들이 감탄하며 소리쳤어요.

"알았어! 다음에 또 놀러 와."

이슬이는 활짝 웃으며 대답했답니다.

이슬이는 요리 연습을 많이 해 보았기 때문에 자신감을 가질 수 있었습니다. 여러분도 이와 비슷한 경험이 있으면 말해 보세요.

1) 자신감이 가득한 어린이가 되어 보세요

자신이 한 일에 대해 칭찬을 받으면 자신감이 생깁니다. 다음 활동을 해 보세요.

 칭찬 릴레이

목표: 서로서로 칭찬해 주는 활동을 통하여 자신감을 갖게 한다.

준비물: 성품 노트, 필기도구

방법

1. 가위바위보를 해서 마지막까지 남은 한 사람을 뽑습니다.
2. 그 사람은 자기가 칭찬하고 싶은 친구를 정하고 그 친구에 대해 앞으로 나와서 칭찬을 합니다.
3. 칭찬이 끝나면 칭찬받은 친구가 앞으로 나와 다시 다른 친구를 칭찬하는 방법으로 칭찬 릴레이를 계속합니다.
4. 자기가 칭찬받은 내용을 성품 노트에 기록합니다.

칭찬을 받았을 때 기분이 어땠나요?

다른 사람에게 칭찬을 듣다 보면 자기도 모르게 자신감이 생깁니다.

숙제: 자신감 실천 계획서에 적은 대로 실천하고 점검해 오기.

4. 점검 및 확인하기

수업 목표: 실제 생활 속에서 자신감 넘치는 행동을 한다.

자신감 실천 계획서 확인하기

자신감 실천 계획서에 기록한 것을 여기에 옮겨 보세요.

자신감 실천 계획	월	화	수	목	금	토	일
남에게 잘 보이려고 하지 않는다.							
실수를 두려워하지 않는다.							
어려운 일을 피하지 않고 계속 도전한다.							
자신감을 기르기 위해 계속해서 연습한다 - 발표하기 - 태권도 대련 - 친구 사귀기 - 춤추기 - 말하기							

잘했으면 ○표, 중간은 △표, 못했으면 ×표 하기

지난주에 모든 일을 자신감 있게 했나요?

자신감을 가질 수 있는 좋은 방법을 말해 보세요.

뜻한 대로 이루어 내는 굳센 의지 **자신감**

1) 서로 이야기해 보세요

지난주 얼마나 자신감 있게 행동했는지 이야기를 나누어 봅시다. 다음 활동을 해 보세요.

 자신감 실천 계획서 발표하기

목표: 자신감 있게 했던 일들을 발표하면서 자신감의 중요성에 대해 다시 한 번 되새긴다.

준비물: 칭찬 스티커

방법

1. 한 사람씩 발표 순서를 정합니다.
2. 순서대로 자신감 실천 계획서를 발표합니다. 그동안 얼마나 자신감이 길러졌는지, 또 앞으로 어떻게 자신감을 기를 것인지도 이야기합니다.
3. 발표가 끝나면 친구의 자신감 실천 계획서에 칭찬 스티커를 붙여 줍니다.

자신감 있게 행동하기 위해서 어떤 마음가짐을 가져야 할까요?

자신감 있게 행동한 결과 내 모습이 어떻게 변했나요?

뜻한 대로 이루어 내는 굳센 의지 **자신감**

2) 정리하고 결심해요

다음은 지금까지 배운 자신감에 대해 다시 한 번 정리한 것입니다. (   ) 안에 들어갈 말을 적어 보세요.

정리 자신감

1. (   )이란 어떤 일을 잘할 수 있다고 믿는 마음입니다.
2. 자신감 있는 사람은 모든 일에 (   )적으로 행동하지만 자신감이 없는 사람은 (   )적으로 행동합니다.
3. 무슨 일이든 (   )을 가지고 하면 그 일을 잘할 수 있게 됩니다.
4. 자신감이 넘쳤던 위대한 인물의 이야기를 읽다 보면 나도 그 인물처럼 (   )을 가질 수 있습니다.
5. 다른 사람에게 (   )을 듣다 보면 자기도 모르게 자신감이 생깁니다.

자신감, 적극, 소극, 자신감, 자신감, 칭찬

이제 자신감에 대한 수업이 끝났습니다. 앞으로 어떻게 행동할지 결심한 것을 말해 보세요.

여러분 중에 자신감 챔피언은 누구입니까?

숙제: 다음 주에 배울 '성실'에 대한 뜻 알아 오기.

정의

자신이 맡은 일을 꾸준히 계속해 나가는 것

행동 목표

1. 목표를 세우고 꾸준히 노력해 조금씩 이루어 나간다.
2. 꼭 해야 할 일은 게으름 피우지 않고 부지런히 한다.
3. 힘든 일도 포기하지 않고 최선을 다한다.

1. 성실이란 무엇일까요?

수업 목표: 성실의 뜻을 이해하고 왜 성실해야 하는지 배운다.

다음 이야기에서 무엇을 배울 수 있을까요?

> 쇠똥구리

"영차! 영차!"
자신의 몸집보다 커다란 공을 굴리는 곤충이 있습니다. 바로 쇠똥구리입니다. 쇠똥구리는 개미와 더불어 성실한 모습으로 잘 알려져 있습니다.

쇠똥구리는 자신의 몸 크기보다 200배 정도 많은 쇠똥이나 말똥을 알맞게 잘라 내고, 이렇게 잘라 낸 똥을 공처럼 둥글게 굴려 '경단'을 만듭니다. 쇠똥구리가 굴리는 경단의 무게는 자기 몸무게의 50배가 넘습니다.

쇠똥구리는 미리 만들어 둔 창고로 경단을 굴러 가는데, 창고까지 가는 길은 매우 험난합니다. 중간에 다른 쇠똥구리가 경단을 빼앗으려고 달려들기도 하고, 땅에 떨어진 큰 나뭇가지와 맞닥뜨릴 수도 있습니다.

하지만 쇠똥구리는 어떤 상황에서도 성실하게 자신의 길을 갑니다. 암컷과 수컷이 한 조가 되어, 수컷은 씩씩하게 쇠똥 경단을 굴리고 암컷은 경단 위에 올라가 수컷에게 방향을 알려 줍니다.

이렇게 만든 경단 속에 한 개의 알을 낳으면, 그 안에서 부화한 애벌레는 이 똥을 먹고 무럭무럭 자라 어른 쇠똥구리가 된답니다.

열심히 뒷다리를 움직여 쇠똥 경단을 만드는 쇠똥구리의 성실함이 없었다면 아기 쇠똥구리가 안전하게 자랄 수 없을 것입니다.

묵묵히 쇠똥 경단을 굴리는 쇠똥구리에게서 어떤 점을 배울 수 있었나요?

1) 성실이란 무슨 뜻일까요?

다음 그림을 보고 생각해 봅시다.

누가 더 자신의 일을 열심히 하고 있을까요?

현우는 매일 늦잠을 잡니다.
그래서 오늘도 지각을 했습니다.

지윤이는 매일 숙제를 꼼꼼히 합니다.
오늘도 선생님께 칭찬을 받았습니다.

누가 더 바람직한 태도로 행동하고 있을까요?

민재는 선생님이 안 계신 틈을 타
친구들을 괴롭힙니다.

민우는 선생님이 계시지 않아도
언제나 바른 자세로 열심히 공부합니다.

성실이란 어떤 일을 정성스럽고 참되게 하는 것입니다. 따라서 성실한 사람은 거짓으로 행동하지 않습니다. 또한 성실은 안에서나 밖에서나 변함없이 진실하게 행동하는 것입니다. 따라서 성실한 사람은 일관되게 행동합니다.

성실한 사람은 자기가 올바르다고 믿는 일을 포기하지 않고 끝까지 해내어 결국 열매를 맺게 됩니다.

우리 주변에서 가장 성실한 사람을 찾아보고 그 이유를 적어 보세요.

2) 성실한 사람은 어떤 행동을 할까요?

성실한 사람은 다음과 같이 행동합니다.

- 성실한 사람은 항상 자기가 맡은 일이나 약속한 것을 지킨다.
- 성실한 사람은 규칙을 잘 따르기 때문에 다른 사람과 조화를 이룬다.
- 성실한 사람은 오랫동안 꾸준히 맡은 일을 하기 때문에 자기 분야에서 앞서 간다.
- 성실한 사람은 꾸준히 노력한 끝에 원하는 목표를 이룬다.

성실한 사람은 결국 자기 분야에서 인정받아 성공합니다. 이 외에도 성실한 사람들은 어떤 장점들을 가지고 있을까요?

성실한 사람이 되기 위해서는 무엇을 해야 할까요?

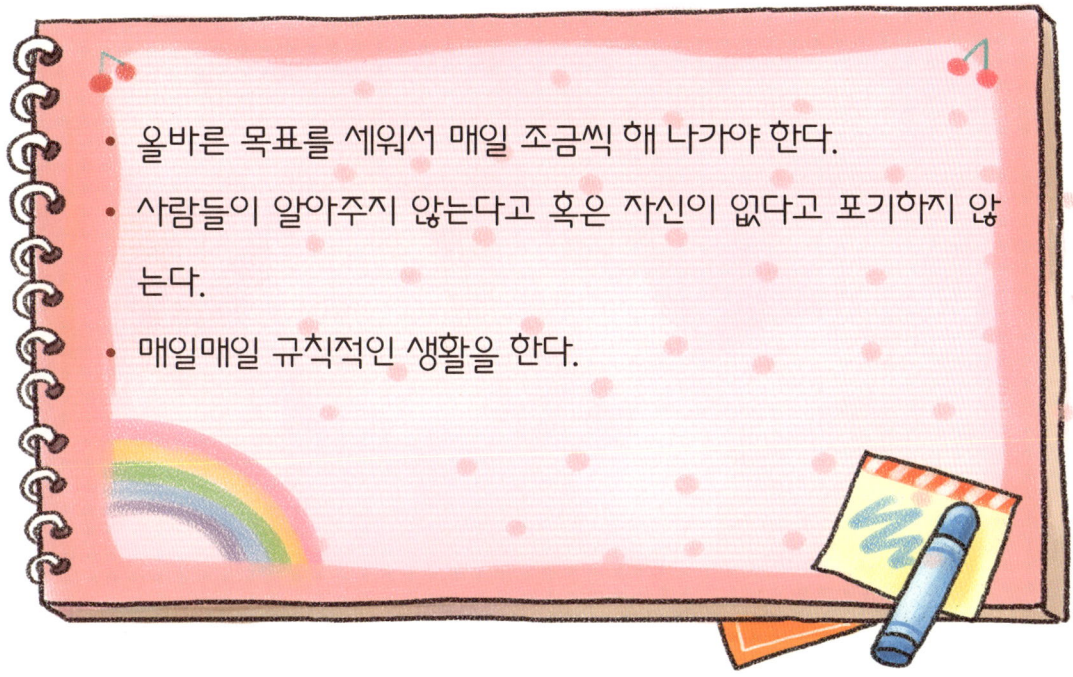

- 올바른 목표를 세워서 매일 조금씩 해 나가야 한다.
- 사람들이 알아주지 않는다고 혹은 자신이 없다고 포기하지 않는다.
- 매일매일 규칙적인 생활을 한다.

성실한 사람이 되려면 어려움을 잘 참고 꾸준히 실행하는 습관을 길러야 합니다. 성실한 사람이 되기 위해 내가 해야 할 일은 무엇이 있을까요?

3) 성실한 사람이 되어 보아요

부모님과 선생님 등 우리 주변에서 성실하게 생활하는 분들을 통해 성실한 태도를 배울 수 있습니다. 다음 활동을 해 보세요.

  '성실 일보' 만들기

목표: 성실한 사람들에 관한 신문을 만들어 보면서 성실한 태도가 무엇인지 배운다.

준비물: 스케치북, 색연필이나 크레파스 등 그림 도구, 가위, 풀

방법

1. 수업 전 일주일 동안 신문이나 위인전 등을 읽으며 '성실한 사람'에 관한 기사와 이야기를 찾아봅니다. 우리 주변의 성실한 가족이나 친구에게 찾아가 인터뷰를 해도 좋습니다.
2. 이렇게 모은 자료들을 가지고 '성실 일보'의 기자가 되어 나만의 신문을 만들어 봅니다.
3. 모둠별로 모여 자신의 신문에 실린 내용을 이야기해 봅니다.

친구가 만든 '성실 일보' 중 가장 기억에 남는 기사는 어떤 것이었나요?

숙제: 다음 시간에 할 '성실 포스터'에 그릴 내용 생각해 오기.

2. 리더들을 통해 배워 봅시다

수업 목표: 훌륭한 리더들의 이야기를 읽고 성실의 중요성을 생각한다.

시간을 소중히 여기며 성실히 일했던 **벤자민 프랭클린**

벤자민 프랭클린은 1706년, 미국의 보스턴에서 비누와 양초를 만드는 집안의 15번째 아이로 태어났습니다.

그는 책 읽기를 좋아하고, 공부도 잘했지만 집안 형편 때문에 10살 때 학교를 그만두고 형이 운영하던 인쇄소에서 일을 배우기 시작했습니다.

벤자민 프랭클린은 비록 자기가 하고 싶었던 공부를 못 하게 되었지만 한 번도 불평하지 않고 성실하게 일했습니다. 그런 노력 덕분에 누구보다 빨리 인쇄 기술을 배웠습니다.

또한 틈틈이 책을 읽고 글 쓰는 연습을 한 결과 글솜씨가 점점 더 좋아졌습니다. 인쇄소 일이 언제나 바빴기 때문에 그는 식사 시간을 줄여 가며 책을 읽고 글을 쓰는 연습을 했다고 합니다. 그렇게 열심히 일한 벤자민 프랭클린은 얼마 지나지 않아 뛰어난 인쇄공이 되었습니다. 그래서 24살 때는

직접 인쇄소를 차리기도 했습니다. 그 뒤로 얼마나 성실하게 인쇄소를 운영했던지 동네에서 '부지런하게 일하는 청년'으로 소문이 날 정도였답니다.

그는 항상 수첩을 가지고 다니면서 그날그날 해야 할 일들을 꼼꼼하게 적고 매일 밤마다 그것을 실천했는지 확인하는 습관을 갖고 있었습니다.

벤자민 프랭클린의 수첩 사용 방법은 사람들에게 영향을 미쳐, 오랜 시간이 지난 오늘날에도 많은 사람들이 본받고 있답니다. 무엇보다 이 습관은 훗날 벤자민 프랭클린을 더욱 위대한 사람으로 만들어 주는 데 큰 역할을 했습니다.

그렇게 자기가 세운 목표를 하나씩 실천해 나간 벤자민 프랭클린은 훗날 대학을 세우고, 소방서와 병원을 만들어 사람들을 도와주었습니다. 또 국회의원이 되어 미국 헌법의 뼈대를 만들기도 했습니다. 그리고 독립 선언서를 작성해 미국의 독립에 큰 기여를 했답니다.

교훈 벤자민 프랭클린은 시간의 소중함을 깨닫고 성실히 노력했기 때문에, 무슨 일을 하든지 훌륭히 해냈습니다. 성실함으로 인해 그는 두루 존경받는 사람이 되었습니다.

어려움을 기회로 바꾼 토스카니니

이탈리아의 유명한 음악가 '토스카니니'는 20세기를 대표하는 지휘자로 손꼽힙니다. 그런데 그는 지휘를 할 때 악보를 보지 않는 것으로 유명합니다. 과연 악보를 보지 않고 지휘하는 것이 가능할까요?

사실 토스카니니가 악보를 보지 않고 지휘를 한 이유는 눈이 너무 나빴기 때문입니다. 그래서 공연 중에는 악보를 보고 싶어도 볼 수 없었습니다. 지휘자가 악보를 보지 못한다는 것은 큰 장애였습니다.

토스카니니는 원래 오케스트라의 첼로 연주자였습니다. 그는 자기가 연주할 부분을 공연 전에 완벽히 외워 두어야만 했습니다. 뿐만 아니라 다른 악기들이 연주하는 부분까지 모두 파악하고 있어야만 했습니다. 당연히 남들보다 몇 배의 노력이 필요했습니다. 하지만 토스카니니는 포기하지 않고 날마다 성실하게 최선을 다하여 연습했습니다.

그러던 어느 날 지휘자가 병원에 입원하게 되었습니다. 연주를 앞둔 오케스트라에 비상이 걸렸습니다. 사람들은 급하게 지휘를

할 수 있는 사람을 찾았습니다. 그러나 모든 악보를 외우고 있는 사람은 토스카니니뿐이었습니다. 그래서 그가 대신 지휘를 할 수밖에 없었습니다.

당시 19세였던 토스카니니는 그날 지휘를 성공적으로 마쳤습니다. 그리고 이 일을 계기로 세계적인 지휘자가 될 수 있었습니다.

🌼 교훈 토스카니니는 남들보다 성실히 노력했기 때문에 훌륭한 지휘자가 될 수 있었습니다.

이 외에도 성실한 리더로 누가 있는지 조사하여 봅시다.

1) 성실한 자세를 배워 보세요

 그림 한 장이 우리의 마음을 움직일 수 있습니다. 다음 활동을 해 보세요.

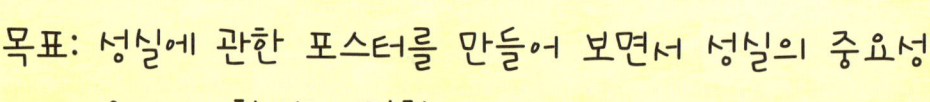 성실 포스터 만들기

목표: 성실에 관한 포스터를 만들어 보면서 성실의 중요성을 다시 한 번 생각한다.
준비물: 도화지, 크레파스나 물감 등 그림 도구

방법
1. 모둠별로 모여 포스터에 어떤 내용을 그릴지 생각합니다.
2. 각자 준비한 도화지에 자유롭게 포스터를 그립니다.
3. 물감이 마르면 모둠 친구들과 포스터의 내용에 대해 이야기를 나눕니다.
4. 나눔이 끝난 모둠은 포스터를 모아 선생님께 드리고 선생님은 학생들의 포스터를 교실 뒤에 잘 전시합니다.

내가 생각한 '성실'을 포스터 안에 잘 표현했나요? 포스터 중 가장 마음에 와 닿는 것은 무엇인가요?

숙제: 일상생활 속에서 성실하게 해야 하는 일들의 목록을 성품 노트에 적어 오기.

3. 실제 생활에서 배워 봅시다

수업 목표: 실제 생활 속의 이야기를 통해 성실을 배우고 적용한다.

꾸준한 연습으로 역전골을 넣은 지완이

수민이는 축구라면 자다가도 벌떡 일어날 정도로 축구를 좋아해요. 축구 실력도 뛰어나서 수민이가 속한 팀은 수민이 덕분에 경기에서 좋은 성적을 거두었어요.

그런데 수민이는 연습에 자주 결석했어요. 연습 때는 주로 기본기(어떤 것을 하는 데 아주 기본적인 기술) 훈련을 하는데, 자기는 축구를 잘하니까 기본기를 다질 필요가 없다고 생각했던 거예요.

수민이와는 달리 지완이는 항상 후보 선수였어요. 하지만 지완이는 연습을 빼먹지 않고 성실하게 참여했답니다.

몇 개월 뒤, 이웃 학교와 축구 경기를 하게 되었어요. 그런데 오늘따라 수민이가 자꾸 헛발질을 하며 공을 놓쳤어요. 보다 못한 감독님이 후반전에는 수민이 대신 지완이를 내보냈어요.

"지완아, 너는 그동안 기본기를 탄탄히 다졌으니까 잘할 수 있을 거야!"

감독님의 응원에 더욱 힘을 낸 지완이는 예전과는 다른 모습을 보여 주었어요. 키가 큰 친구들 사이를 요리조리 피해 다니며 계속 골을 넣을 수 있는 기회를 만들어 내더니, 결국 경기가 끝날 무렵 멋진 역전골을 터뜨렸지요. 성실하게 연습했던 결과가 실력으로 나타난 거예요.

성실하게 연습했던 지완이는 결국 역전골을 넣었습니다. 이 이야기에서 무엇을 느꼈나요?

민서는 저녁을 먹고 오빠와 함께 텔레비전을 보고 있었어요. 재미있는 프로그램에 푹 빠져 있는데, 설거지를 마친 엄마가 민서에게 물으셨어요.

성실하게 일기를 쓰기로 결심한 민서

"민서야, 3일 뒤면 개학인데 일기는 매일매일 썼니?"

엄마의 한마디에 민서는 가만히 달력을 들여다보았어요. 그런데 길게만 느껴졌던 여름 방학도 어느덧 다 지나가 정말 개학이 3일 앞으로 다가온 거예요. 민서는 갑자기 마음이 급해졌어요. 방학 숙제였던 일기를 거의 쓰지 못했기 때문이에요.

민서는 얼른 방에 들어와 일기를 쓰려고 책상에 앉았어요. 일기장에는 방학을 하던 날 '여름 방학이다! 신 난다!' 라고 쓴 내용이 전부였어요.

여름 방학 동안 민서는 오빠와 자연 체험 캠프도 다녀왔고, 사촌 동생들과 수영장에 가서 신 나게 물놀이도 했고, 시골에 사시는 외할머니 댁에 놀러가 맛있는 음식도 많이 먹었어요.

하지만 이 많은 일들을 하루에 몰아서 쓰는 것은 무척 어려웠어요. 민서가 쩔쩔매고 있는데 엄마가 방으로 들어오셨어요.

"민서야 일기는 다 썼니? 어디 보자."

"엄마, 사실은 일기를 하나도 못 썼어요."

엄마는 민서의 텅 빈 일기장을 보자 깜짝 놀라셨어요. 그리고 이렇게 말씀하셨어요.

"민서야, 일기는 매일매일 써야 하는 거란다. 밀려서 한꺼번에 쓰려면 자세하게 기억도 나지 않고, 오히려 일기를 쓰기가 더 싫어지거든. 다음부터는 엄마가 말하지 않아도 매일매일 성실하게 쓰렴."

다행히 민서는 엄마가 달력에 적어 놓으신 것을 보며 남은 3일 동안 무사히 일기 숙제를 마칠 수 있었어요. 이번 일을 통해 민서는 이제 일기를 매일매일 빼먹지 않고 쓰기로 다짐했답니다.

여러분도 민서와 같은 경험이 있었나요? 그때 어떤 것을 깨달았나요?

1) 성실한 어린이가 되어 보세요

성실하게 행동하기 위해서는 목표를 세우는 것이 중요합니다. 다음 활동을 해 보세요.

활동 나만의 성실 목표 세우기

목표: 평소 생활 태도에 대해 목표와 행동 계획을 세워 실천함으로써 성실한 습관을 기른다.
준비물: 성품 노트, 필기도구

방법
1. 모둠별로 모여 뒷장에 있는 성실 성품 점검표에 각자 한 주간 실천할 수 있는 성실 목표를 세웁니다. 예를 들면 '아침에 일찍 일어나기'나 '매일매일 정해진 시간에 숙제하기' 등이 있습니다. 최대한 자세히 적을수록 실천하기가 쉽습니다.
2. 친구들끼리 각자의 목표에 대해 이야기를 나눕니다.
3. 한 주간 목표를 실천합니다.

자신이 세운 성실 목표 중에서 가장 지키기 어려운 것은 무엇인가요? 한 주간 그것을 실천하려면 어떻게 해야 할까요?

목표를 세운 뒤 그에 맞는 실천 계획을 짠다면 좀 더 쉽게 이룰 수 있습니다.

숙제: 한 주 동안 성실 성품 점검표에 적은 목표를 실천하기.

4. 점검 및 확인하기

> 수업 목표: 실제 생활 속에서 성실한 습관을 기른다.

성실 성품 점검표 확인하기

이번 한 주간 잘 실천했나요? 스스로 확인해 보세요.

성실 실천 계획	월	화	수	목	금	토	일
예) 아침에 일찍 일어난다.							
예) 매일매일 정해진 시간에 숙제를 한다.							

잘했으면 ○표, 중간은 △표, 못했으면 ×표 하기

한 주간 성실 실천 계획을 잘 실천했나요?

실천하는 과정 중에서 가장 쉽고 재밌었던 것은 무엇인가요? 또 가장 어려웠던 것은 무엇인가요?

성실하게 계획을 실천하면서 깨달은 것을 적어 보세요.

1) 서로 이야기해 보세요

지난주에 성실하게 생활했던 경험을 나누어 봅시다. 다음 활동을 해 보세요.

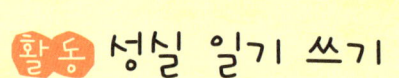 활동 성실 일기 쓰기

목표: 성실 성품 점검표를 바탕으로 그림일기를 써 보면서 성실한 습관을 기른다.
준비물: 도화지, 크레파스나 물감 등 그림 도구, 성품 노트

방법
1. 모둠별로 모여서 각자 지난주에 적었던 성실 성품 점검표 중 가장 잘 실천했던 일 하나를 선택합니다.
2. 그때 있었던 일을 그림일기로 써 봅니다. 알록달록 그림도 그리고, 계획대로 실천했을 때 어떤 기분이 들었는지 글로 적습니다.
3. 일기를 완성했으면 한 사람씩 돌아가면서 발표를 합니다. 발표가 끝나면 발표자를 박수로 격려합니다.

성실하게 생활할 때 어떤 점이 가장 좋았나요?

앞으로 자신의 일을 더 성실하게 하려면 어떤 점을 보완해야 할까요?

2) 정리하고 결심해요

다음은 지금까지 배운 성실에 대해 다시 한 번 정리한 것입니다. (   ) 안에 들어갈 말을 적어 보세요.

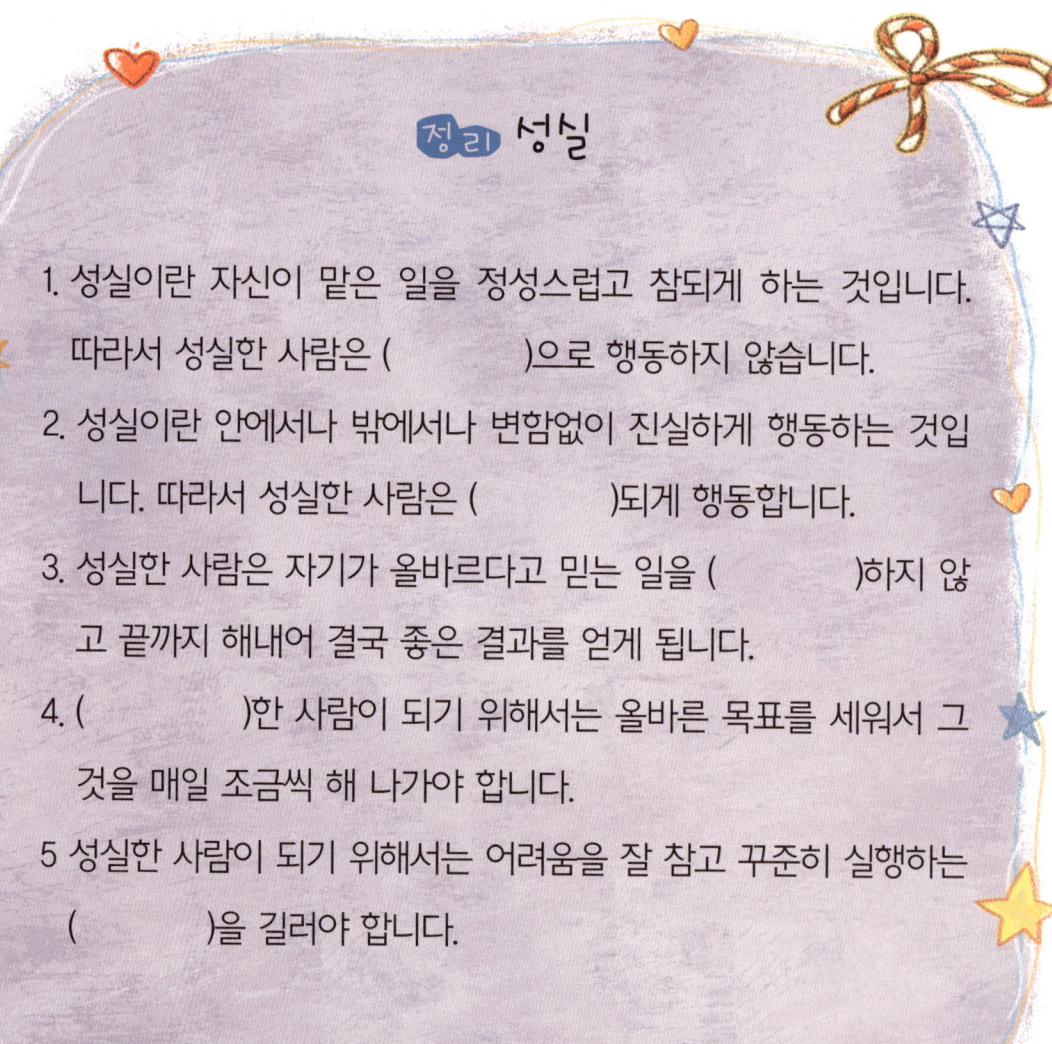

정리 성실

1. 성실이란 자신이 맡은 일을 정성스럽고 참되게 하는 것입니다. 따라서 성실한 사람은 (   )으로 행동하지 않습니다.
2. 성실이란 안에서나 밖에서나 변함없이 진실하게 행동하는 것입니다. 따라서 성실한 사람은 (   )되게 행동합니다.
3. 성실한 사람은 자기가 올바르다고 믿는 일을 (   )하지 않고 끝까지 해내어 결국 좋은 결과를 얻게 됩니다.
4. (   )한 사람이 되기 위해서는 올바른 목표를 세워서 그것을 매일 조금씩 해 나가야 합니다.
5 성실한 사람이 되기 위해서는 어려움을 잘 참고 꾸준히 실행하는 (   )을 길러야 합니다.

가식, 일관, 포기, 성실, 습관

이제 성실에 대한 수업이 끝났습니다. 앞으로 어떻게 행동할지 결심한 것을 적어 보세요.

여러분 중에 성실 챔피언은 누구입니까?

재미있는 성품학교는 학교나 가정, 단체에서 수준별로 쉽게 훈련하도록 구성되어, 총 24가지의 성품을 매월 1가지, 1년 총 8가지씩 3단계로 학습하도록 구성되어 있습니다.

1단계 인성의 기초를 다지는 성품 훈련
경청, 순종, 질서, 배려, 책임감, 용기, 정직, 창의성

2단계 사회 적응력과 인간관계를 발전시키는 성품 훈련
인내, 신중함, 성실, 신뢰, 솔선, 자신감, 존중, 협동

3단계 탁월한 리더십을 발휘하게 돕는 성품 훈련
지혜, 분별력, 결단력, 융통성, 절제, 겸손, 포용력, 사랑

적응 능력과 창조 능력을 극대화할 수 있는 성품의 계발로 아이들은 다음과 같은 효과를 누릴 수 있습니다.

- 양심의 소리를 듣고 옳고 그름을 구별하는 능력이 계발됩니다.
- 자아 존중, 자기 통제력, 교우 관계, 사회성이 향상됩니다.
- 다양한 성품 계발을 통해 문제 해결 능력과 사회 경쟁력이 높아집니다.
- 학교와 가정, 사회에 기여하는 탁월한 리더의 소양이 형성됩니다.
- 세계 어디서나 발휘할 수 있는 국제 수준의 리더십 역량이 갖춰집니다.

〈세계 명작 생각 동화〉 시리즈가 출간되었습니다!

24가지 성품이 담긴 신개념 성품 동화가 아시아코치센터의 어린이책 브랜드 이야기상자에서 출간되었습니다. 억지스럽게 인성을 강요하는 것이 아니라 아이들이 재미있게 읽어 나가면서 자연스럽게 자신의 행동을 돌아보고, 올바른 성품을 기를 수 있도록 구성한 성품 동화! 국어와 논술 실력까지 키워 주는 성품 동화! 세계적인 리더로 자라날 우리 아이들의 필독서입니다.